KOLEKCJA PRZEPISÓW DLA MIŁOŚNIKÓW KAWY

100 RÓŻNYCH PRZEPISÓW, OD KLASYCZNEGO CAPPUCCINO PO SPECJALNE LATTE

Roksana Mazur

Wszelkie prawa zastrzeżone.

Zastrzeżenie

Informacje zawarte w tym eBooku mają służyć jako obszerny zbiór strategii, które autor tego eBooka zbadał. Podsumowania, strategie, porady i wskazówki są jedynie zaleceniami autora, a przeczytanie tego eBooka nie gwarantuje, że jego wyniki będą dokładnie odzwierciedlać wyniki autora. Autor eBooka dołożył wszelkich starań, aby zapewnić czytelnikom eBooka aktualne i dokładne informacje. Autor i jego współpracownicy nie ponoszą odpowiedzialności za jakiekolwiek niezamierzone błędy lub pominięcia, które mogą zostać znalezione. Materiał w eBooku może zawierać informacje pochodzące od osób trzecich. Materiały stron trzecich zawierają opinie wyrażone przez ich właścicieli. W związku z tym autor eBooka nie ponosi odpowiedzialności za jakiekolwiek materiały lub opinie osób trzecich. Niezależnie od tego, czy z powodu rozwoju Internetu, czy też nieprzewidzianych zmian w polityce firmy i wytycznych redakcyjnych, to, co zostało uznane za fakt w chwili pisania tego tekstu, może później stać się nieaktualne lub nieprzydatne.

EBook jest chroniony prawami autorskimi © 2023 z wszelkimi prawami zastrzeżonymi. Redystrybucja, kopiowanie lub tworzenie prac pochodnych na podstawie tego eBooka w całości lub w części jest nielegalne. Żadna część tego raportu nie może być powielana ani retransmitowana w żadnej reprodukcji ani retransmisji w jakiejkolwiek formie bez pisemnej wyraźnej i podpisanej zgody autora.

SPIS TREŚCI

SPIS TREŚCI 4
WSTĘP 8
DESERY NA KAWIE 10
    1. Jagodowe tiramisu 11
    2. Brulee z kremem z cykorii 13
    3. Mokka Fondue 16
    4. Tiramisu 18
    5. Pikantne włoskie ciasto śliwkowo-śliwkowe 21
    6. Włoska Kawowa Granita 25
    7. Cortado pszczoły miodnej 27
    8. Granit kawowy 29
    9. Lody kawowe 31
    10. Chock Pełen Czekoladowych Lodów 33
    11. Lody Czekoladowo-Rumowe 36
    12. Irlandzka kawa 38
    13. Mrożone podwójne musy czekoladowe 41
    14. Frappe cappuccino 44
    15. Mrożone Brownie Mokka 46
    16. Biszkoptowe Ciasto Kawowe 48
    17. Kawowy deser żelatynowy 51
    18. Mus kawowy 53
    19. Kawowo-Kokosowy Deser Agarowy 57
    20. Włoski Affogato 60
KAWA PARZYNA Z HERBATY 62
    21. Hong Kong Tea Parzona z kawą 63
    22. Mrożona Kawowa Herbata 65
    23. Malezyjska kawa z herbatą 67
    24. Bubble Tea 69
    25. Mocktail kawowy i Earl Grey Boba 71

26. Zielona herbata kawowo-jagodowa...73

KAWA Z OWOCAMI..75

27. Malinowe Frappuccino..76
28. frappe z mango...78
29. Kawa Malinowa..80
30. świąteczna kawa..82
31. Bogata Kawa Kokosowa..84
32. Czekoladowa Kawa Bananowa..86
33. Kawa z Czarnego Lasu..88
34. Kawa Maraskino...90
35. Czekoladowa Kawa Migdałowa...92
36. Soda Kawowa...94
37. Mokka Półsłodka..96
38. Kawa po wiedeńsku...98
39. Espresso Romano...100

KAWA PAROWANA Z KAKAO..102

40. Mrożone Cappuccino Mokka..103
41. Oryginalna mrożona kawa..105
42. Kawa o smaku Mokka...107
43. Pikantna meksykańska mokka..109
44. kawa czekoladowa..111
45. Miętowa Kawa Mokka...113
46. Włoskie espresso mokka..115
47. Kawy Czekoladowe...117
48. Czekoladowa Kawa Amaretto...119
49. Kawa w czekoladzie z miętą...121
50. Kawa Kakaowa...123
51. Mokka Kakaowo-Orzechowa..125
52. Czekoladowa Kawa Miętowa..127
53. Kawiarnia Au Lait...129
54. Włoska kawa z czekoladą..131
55. Mokka Półsłodka..133

KAWA NARAŻONA Z PRZYPRAWAMI..135

56. Pomarańczowa Przyprawa Kawa 136
57. Przyprawiona Zabielaczka do Kawy 138
58. Kawa z kardamonem 140
59. Kawiarnia Ola 142
60. Kawa Migdałowo Waniliowa 144
61. Arabska Jawa 146
62. miodowa kawa 148
63. Cafe Wiedeń Desire 150
64. Kawa Cynamonowa 152
65. Espresso Cynamonowe 154
66. Meksykańska Kawa Przyprawiona 156
67. Wietnamska kawa jajeczna 158
68. Turecka kawa 160
69. Latte z przyprawami dyniowymi 162
70. karmelowe latte 165

KAWA NARAŻONA ALKOHOLEM 167

71. kawa z rumem 168
72. Kawa po irlandzku Kahlua 170
73. Irlandzkie Cappuccino Baileya 172
74. kawa z brandy 174
75. Kahlua i sos czekoladowy 176
76. Domowy likier kawowy 178
77. Kahlua Brandy Kawa 180
78. Espresso z Tequili Limonkowej 182
79. Słodzona Brandy Kawa 184
80. Kawa na kolację 186
81. Słodka Kawa Klonowa 188
82. Dubliński sen 190
83. Kawa Di Saronno 192
84. Kawa Baja 194
85. kawa pralinowa 196
86. Kawa z wódką 198
87. Kawiarnia Amaretto' 200
88. Kawiarnia Au Cin 202
89. Kolczaste Cappuccino 204

90. Kawa gaelicka..206
91. Rye Whisky Kawa..208
92. Kawa Wiśniowa Brandy..210
93. Duńska kawa..212
94. Strzelec z whisky..214
95. Stary dobry Irlandczyk...216
96. Kawa po irlandzku Bushmills...218
97. Czarna kawa po irlandzku..220
98. Kremowa kawa po irlandzku..222
99. Staromodna irlandzka kawa..224
100. Kremowy Likier Latte...226

WNIOSEK..228

WSTĘP

Witamy w czarującym świecie „Kolekcji przepisów miłośnika kawy". Kawa, eliksir poranków i muza niezliczonych rozmów, to sztuka, która przynosi radość i ukojenie ludziom na całym świecie. Ta kolekcja przepisów jest hołdem dla magii, która dzieje się, gdy wysokiej jakości ziarna spotykają się z kreatywnymi rękami. Od bogatego aromatu świeżo parzonej filiżanki po aksamitną konsystencję, która tańczy na podniebieniu, każdy łyk tych mikstur to podróż rozkoszy.

Na tych stronach znajdziesz szereg skrupulatnie przygotowanych przepisów na kawę, z których każdy ma na celu podniesienie jakości doznań związanych z kawą. Niezależnie od tego, czy szukasz przypływu energii na początek dnia, spokojnej chwili ukojenia, czy aromatycznego zakończenia obfitego posiłku, nasze przepisy są odpowiednie na każdy nastrój i okazję. Nawiązaliśmy współpracę z koneserami kawy i ekspertami kulinarnymi, aby każdy przepis był arcydziełem, łączącym najlepsze składniki z precyzyjnymi technikami.

Dołącz do nas podczas tej sensorycznej ekspedycji, zanurzając się w świat fasoli, naparów i nie tylko. Od klasycznych mieszanek, które przetrwały próbę czasu, po innowacyjne kreacje, które przesuwają granice smaku, „Brewing Bliss" to zaproszenie do odkrywania niuansów i wszechstronności kawy jak nigdy dotąd.

DESERY NA KAWIE

1. **Jagodowe tiramisu**

Składniki

- 1 1/2 filiżanki parzonej kawy
- 2 łyżki Sambuca
- 1 łyżka cukru granulowanego
- 1-funtowy pojemnik na serek mascarpone
- 1/4 szklanki gęstej śmietany
- 2 łyżki cukru pudru
- Biszkoptowe ciasteczka
- Kakao w proszku
- 2 szklanki mieszanych jagód

Kierunki

a) W płytkiej misce wymieszaj 1 1/2 filiżanki parzonej kawy, 2 łyżki stołowe Sambuca i 1 łyżkę cukru pudru, aż cukier się rozpuści. W osobnej misce wymieszaj jeden 1-funtowy serek mascarpone, 1/4 szklanki śmietany i 2 łyżki cukru pudru.

b) Używając wystarczającej liczby ciasteczek biszkoptowych, aby pokryć dno 8-calowego kwadratowego naczynia do pieczenia, zanurz biszkopty w mieszance kawy i ułóż równą warstwę na dnie patelni. Na wierzchu rozsmarować połowę masy mascarpone. Powtórz dwie warstwy. Posypać kakao w proszku i 2 szklankami mieszanych jagód. Przechowuj tiramisu w lodówce przez co najmniej 2 godziny i maksymalnie 2 dni.

2. Brulee z kremem z cykorii

Składniki

- 1 łyżka masła
- 3 szklanki gęstej śmietany
- 1 1/2 szklanki cukru
- 1 filiżanka kawy z cykorii
- 8 żółtek
- 1 szklanka surowego cukru
- 20 małych ciasteczek kruchych

Kierunki

a) Rozgrzej piekarnik do 275 stopni F. Nasmaruj 10 kokilek. W rondelku, na średnim ogniu, wymieszaj śmietankę, cukier i kawę.

b) Ubij, aż będzie gładkie. W małej misce ubij jajka na gładką masę. Zahartuj żółtka w gorącej śmietanie. Zdjąć z ognia i ostudzić. Wlej chochlą do poszczególnych kokilek. Umieść kokilki w naczyniu do pieczenia.

c) Napełnij naczynie wodą do połowy kokilek. Umieścić w piekarniku na dolnej półce i piec, aż środek się zetnie, około 45 minut do 1 godziny.

d) Wyjąć z piekarnika i wody. Całkowicie ostudzić.

e) Przechowywać w lodówce do schłodzenia. Posyp cukrem na wierzchu, strząśnij nadmiar. Za pomocą palnika ręcznego skarmelizować cukier na wierzchu. Krem brulee podawaj z kruchymi ciasteczkami.

3. Mokka Fondue

Składniki

- 8 uncji Półsłodka czekolada
- 1/2 filiżanki gorącego espresso lub kawy
- 3 łyżki cukru pudru
- 2 łyżki masła
- 1/2 łyżeczki ekstraktu waniliowego

Kierunki

a) Czekoladę posiekaj na małe kawałki i odłóż na bok
b) Podgrzej espresso i cukier w garnku do fondue na małym ogniu
c) Powoli dodawaj czekoladę i masło cały czas mieszając
d) Dodaj wanilię
e) Opcjonalnie: Dodaj odrobinę Irish Cream
f) Do dipu: Ciasto Angel Food, Plasterki Jabłek, Banany, Truskawki, Ciasto Funtowe, Precle, Kawałki Ananasa, Pianki Marshmallows

4. Tiramisu

Porcje: 6

Składniki :

- 4 żółtka
- ¼ szklanki białego cukru
- 1 łyżka ekstraktu waniliowego
- ½ szklanki śmietany kremówki
- 2 szklanki serka mascarpone
- 30 damskich palców
- 1 ½ szklanki lodowatej kawy parzonej przechowywanej w lodówce
- ¾ szklanki likieru Frangelico
- 2 łyżki niesłodzonego kakao w proszku

Kierunki

a) W misce wymieszaj żółtka, cukier i ekstrakt waniliowy, aż uzyskasz kremową konsystencję.

b) Po tym czasie ubij śmietankę kremówkę na sztywną pianę.

c) Połącz serek mascarpone i bitą śmietanę.

d) W małej misce delikatnie wymieszać mascarpone z żółtkami i odstawić.

e) Połącz likier z zimną kawą.

f) Natychmiast zanurz palce kobiety w mieszance kawy. Jeśli palce damy będą zbyt mokre lub wilgotne, rozmokną.

g) Połóż połowę damskich palców na dnie naczynia do pieczenia o wymiarach 9 x 13 cali.

h) Umieść połowę mieszanki nadzienia na wierzchu.

i) Umieść pozostałe paluszki damy na wierzchu.

j) Umieść przykrywkę na naczyniu. Po tym schłodzić przez 1 godzinę.

k) Posyp kakao w proszku.

5. Pikantne włoskie ciasto śliwkowo-śliwkowe

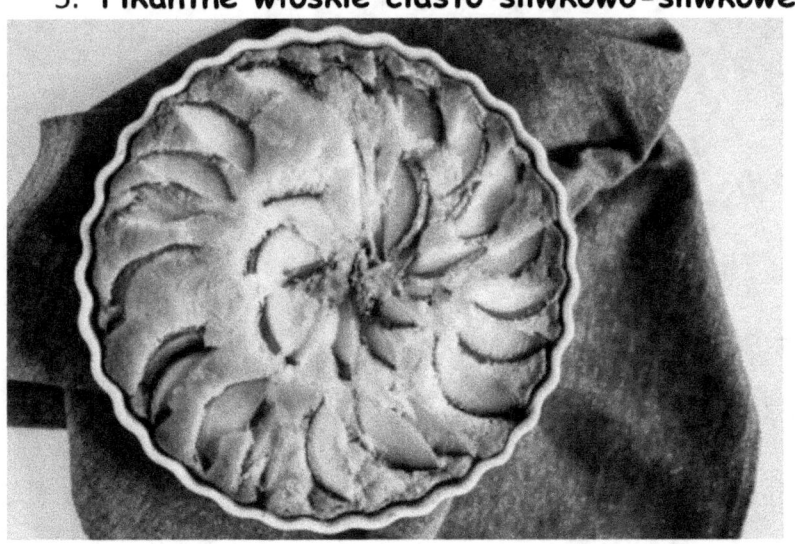

Porcje : 12 porcji

Składnik

- 2 kubki Wydrylowany i poćwiartowany włoski
- Suszone śliwki, gotowane do
- Miękkie i chłodne
- 1 filiżanka Masło niesolone, zmiękczone
- 1¾ szklanki Cukier granulowany
- 4 Jajka
- 3 filiżanki Przesiana mąka
- ¼ szklanki Masło niesolone
- ½ funta Cukier puder
- 1½ łyżki Niesłodzone kakao
- Szczypta soli
- 1 łyżeczka Cynamon
- ½ łyżeczki Mielone goździki
- ½ łyżeczki Zmielona gałka muszkatołowa
- 2 łyżeczki Proszek do pieczenia
- ½ szklanki mleko

- 1 filiżanka Orzechy włoskie, drobno posiekane
- 2 Dwie 3 łyżki mocne, gorące
- Kawa
- ¾ łyżeczki Wanilia

Wskazówki :

a) Rozgrzej piekarnik do 350 ° F. Posmaruj masłem i mąką 10-calową patelnię Bundt.

b) W dużej misce utrzeć masło z cukrem na jasną i puszystą masę.

c) Wbij jajka jedno po drugim.

d) Połącz mąkę, przyprawy i sodę oczyszczoną w przesiewaczu. W trzech częściach dodać mieszankę mąki do mieszanki masła, naprzemiennie z mlekiem. Ubijać tylko do połączenia składników.

e) Dodaj ugotowane suszone śliwki i orzechy włoskie i wymieszaj, aby połączyć. Przełożyć do przygotowanej formy i piec przez 1 godzinę w piekarniku o temperaturze 350°F lub do momentu, gdy ciasto zacznie się kurczyć z boków formy.

f) Aby zrobić lukier, ubij masło z cukrem pudrem. Stopniowo dodawać cukier i kakao w proszku, ciągle mieszając, aż do całkowitego połączenia. Sezon z solą.

g) Mieszaj niewielką ilość kawy co godzinę.

h) Ubijaj na jasną i puszystą masę, następnie dodaj wanilię i udekoruj ciasto.

6. Włoska Kawowa Granita

Składniki

- 4 szklanki wody
- 1 filiżanka mielonej kawy espresso-palonej
- 1 szklanka cukru

Wskazówki :

a) Doprowadź wodę do wrzenia, a następnie dodaj kawę. Przelej kawę przez sitko. Dodać cukier i dobrze wymieszać. Pozwól mieszaninie ostygnąć do temperatury pokojowej.

b) Smaż składniki na patelni 9x13x2 przez 20 minut. Używając płaskiej szpatułki, zeskrobać miksturę (ja osobiście lubię używać widelca).

c) Zeskrobać co 10-15 minut, aż mieszanina będzie gęsta i ziarnista. Jeśli utworzą się grube kawałki, zmiksuj je w robocie kuchennym przed ponownym włożeniem do zamrażarki.

d) Podawaj z małą porcją zimnej śmietany w pięknym, schłodzonym deserze lub klasie Martini.

7. Cortado pszczoły miodnej

Składniki :

- 2 filiżanki espresso
- 60 ml spienionego mleka
- 0,7 ml syropu waniliowego
- 0,7ml syropu miodowego

Wskazówki :

a) Zrób podwójne espresso.

b) Doprowadzić mleko do wrzenia.

c) Wymieszaj kawę z syropem waniliowym i miodowym i dobrze wymieszaj.

d) Spienić cienką warstwę na mieszance kawy i syropu, dodając równe części mleka.

8. Granit kawowy

Składniki

- 3 filiżanki świeżo zaparzonej bardzo mocnej czarnej kawy
- 1/3 szklanki bardzo drobnego cukru
- 1/4 łyżeczki czystego ekstraktu waniliowego
- 1 szklanka wody, schłodzonej
- 1 szklanka bitej śmietany
- 2 łyżki prażonych orzechów laskowych

Kierunki

a) Wymieszaj gorącą kawę, cukier i wanilię. Odstawiamy do ostygnięcia, od czasu do czasu mieszając, aż cukier się rozpuści. Dodaj schłodzoną wodę i wlej do pojemnika do zamrażania.

b) Zamrozić, aż będzie gęsty. Lekko rozbić widelcem, a następnie dalej zamrażać, aż będzie prawie twarda.

c) Drobno zmiel większość orzechów, a resztę grubo zmiażdż. Ubij śmietanę, aż się spieni i dodaj mielone orzechy. Wstawić do zamrażarki na ostatnie 15 minut przed podaniem.

d) Schłodzić od 4 do 6 wysokich szklanek. Wyjmij granitę z zamrażarki i pokrusz widelcem. Napełnij schłodzone szklanki kryształkami lodu z kawy. Na wierzchu ułożyć wir lodów i posypać kilkoma pokruszonymi orzechami. Ponownie zamrażaj nie dłużej niż godzinę, a następnie podawaj bezpośrednio z zamrażarki.

9. Lody kawowe

Składniki

- 1 1/4 szklanki jasnej śmietany
- 5 żółtek
- 1/2 szklanki bardzo drobnego cukru
- 1 łyżeczka czystego ekstraktu waniliowego
- 1 1/4 filiżanki świeżo parzonej, bardzo mocnej kawy espresso

Kierunki

a) Podgrzej śmietanę, aż zacznie bulgotać, a następnie lekko ostudź.
b) W dużej żaroodpornej misce ubij żółtka, cukier i wanilię, aż będą gęste i kremowe. Wlej gorącą śmietankę i kawę, a następnie umieść miskę nad garnkiem z delikatnie gotującą się wodą. Stale mieszaj drewnianą łyżką, aż krem pokryje tylną część łyżki.
c) Zdejmij miskę z ognia i lekko ostudź. Po całkowitym ostygnięciu wlać do maszynki do lodów i przetwarzać zgodnie z zaleceniami producenta lub użyć metody mieszania ręcznego. Przestań ubijać, gdy będzie prawie twarda, przenieś do pojemnika do zamrażania i pozostaw w zamrażarce na 15 minut przed podaniem lub do momentu, gdy będzie to konieczne.
d) To lody są pyszne świeże, ale można je zamrozić nawet na 3 miesiące. Wyjąć 15 minut przed podaniem, aby lekko zmiękły.
e) Wychodzi około 1 1/4 pinty

10. Chock Pełen Czekoladowych Lodów

Składniki

- 3 uncje niesłodzonej czekolady, grubo posiekanej
- 1 (14 uncji) puszka słodzonego skondensowanego mleka
- 1 1/2 łyżeczki ekstraktu waniliowego
- 4 łyżki niesolonego masła
- 3 żółtka
- 2 uncje półsłodkiej czekolady
- 1/2 szklanki mocnej czarnej kawy
- 3/4 szklanki cukru pudru
- 1/2 szklanki jasnej śmietany
- 1 1/2 łyżeczki ciemnego rumu
- 2 łyżki białego creme de cacao
- 2 szklanki gęstej śmietany
- 2 uncje niesłodzonej czekolady, drobno startej
- 1/4 łyżeczki soli

Kierunki

a) W podwójnym bojlerze rozpuść 3 uncje niesłodzonej czekolady. Dodaj mleko, mieszając, aż będzie gładkie. Wmieszaj ekstrakt waniliowy i zdejmij z ognia.

b) Pokrój masło na cztery równe części i dodawaj po jednym kawałku na raz, ciągle mieszając, aż cały tyłek zostanie włączony. Ubij żółtka, aż będą jasne i cytrynowe.

c) Stopniowo wlewaj czekoladę i kontynuuj mieszanie, aż masa będzie gładka i kremowa. Odłożyć na bok.

d) W podwójnym bojlerze podgrzej 2 uncje półsłodkiej czekolady, kawy, cukru i jasnej śmietanki. Ciągle mieszaj, aż będzie gładkie. Wymieszaj rum i crème de cacao i pozwól mieszaninie ostygnąć do temperatury pokojowej.

e) Połącz obie mieszanki czekoladowe, ciężką śmietankę, startą niesłodzoną czekoladę i listewki w dużej misce. Wlać mieszaninę do pojemnika zamrażarki do lodów i zamrozić zgodnie z zaleceniami producenta.

11. Lody Czekoladowo-Rumowe

Składniki

- 1/4 szklanki wody
- 2 łyżki kawy rozpuszczalnej
- 1 (6 uncji) opakowanie półsłodkich kawałków czekolady
- 3 żółtka
- 2 uncje ciemnego rumu
- 1 1/2 szklanki ciężkiej śmietany, ubitej
- 1/2 szklanki posiekanych migdałów, uprażonych

Kierunki

a) W małym rondlu umieść cukier, wodę i kawę. Ciągle mieszając doprowadzić do wrzenia i gotować przez 1 minutę. Umieść chipsy czekoladowe w blenderze lub robocie kuchennym i przy włączonym silniku zalej gorącym syropem i mieszaj do uzyskania gładkiej konsystencji. Ubij żółtka i rum i lekko ostudź. Zmieszaj czekoladową mieszankę z bitą śmietaną, a następnie wlej do poszczególnych półmisków lub naczynia bombé. Posypać prażonymi migdałami. Zamrażać.

b) Aby podać, wyjmij z zamrażarki co najmniej 5 minut przed podaniem.

12. Irlandzka kawa

Składniki

- 1 szklanka pełnego mleka
- 1½ łyżki kawy rozpuszczalnej lub espresso w proszku
- ⅔ szklanki brązowego cukru, zapakowane
- 1 duże jajko
- 3 duże żółtka
- ¼ szklanki irlandzkiej whisky
- ½ łyżeczki ekstraktu waniliowego
- 2 szklanki gęstej śmietany

Kierunki

a) Połącz mleko, kawę rozpuszczalną i cukier w średnim rondlu. Gotuj na średnim ogniu, mieszając, aby rozpuścić cukier, aż mieszanina zagotuje się.

b) W dużej misce wymieszaj jajka i żółtka. Gdy mieszanina mleka się zagotuje, zdejmij z ognia i bardzo powoli wlewaj ją do mieszanki jajecznej, aby ją złagodzić, ciągle mieszając.

c) Po dodaniu całej mieszanki mlecznej wlej ją z powrotem do rondla i kontynuuj gotowanie na średnim ogniu, ciągle mieszając, aż mieszanina zgęstnieje na tyle, aby pokryć tył łyżki, 2 do 3 minut. Zdjąć z ognia i wymieszać z whisky, wanilią i śmietanką.

d) Schłodzić mieszaninę mleka do temperatury pokojowej, a następnie przykryć i przechowywać w lodówce, aż dobrze się schłodzi, na 3 do 4 godzin lub na noc. Wlać schłodzoną mieszankę do maszyny do lodów i zamrozić zgodnie z instrukcją.

e) Przenieś lody do pojemnika nadającego się do zamrażania i umieść w zamrażarce. Pozwól mu stężeć przez 1 do 2 godzin przed podaniem.

13. **Mrożone podwójne musy czekoladowe**

Składniki

- 3 do 4 łyżek bardzo gorącego mleka
- 1 (1/4 uncji) koperta bezsmakowa żelatyna
- 1 1/2 szklanki kawałków białej czekolady
- 4 łyżki stołowe (1/2 kostki) niesolonego masła
- 2 duże białka jaj
- 1/2 szklanki bardzo drobnego cukru
- 1/2 szklanki drobno posiekanej gorzkiej czekolady (chcesz zachować trochę tekstury)
- 1/2 szklanki ciężkiej śmietany, lekko ubitej
- 1/2 szklanki jogurtu typu greckiego
- 18 ziaren kawy lub rodzynek w czekoladzie
- 1 łyżeczka niesłodzonego kakao w proszku, przesianego

Kierunki

a) Do gorącego mleka wsypać żelatynę i wymieszać do rozpuszczenia. Jeśli to konieczne, mikrofaluj przez 30 sekund, aby pomóc mu się rozpuścić. Delikatnie rozpuść białą czekoladę i masło, aż będą gładkie. Wmieszaj rozpuszczoną żelatynę i odstaw do ostygnięcia, ale nie pozwól jej ponownie stwardnieć. Białka ubić na sztywną pianę, następnie stopniowo dodawać cukier i dodać gorzką czekoladę.

b) Ostrożnie wymieszaj schłodzoną białą czekoladę, bitą śmietanę, jogurt i białka. Przełóż mieszankę do 6 pojedynczych foremek lub jednej dużej foremki, wyłożonej folią, aby ułatwić wyjmowanie z formy. Starannie spłaszcz wierzchołki. Przykryć i zamrozić na 1 do 2 godzin lub na całą noc.

c) Aby podać, poluzuj górne krawędzie małym nożem. Odwróć każdą foremkę na talerz do serwowania i wytrzyj gorącą ściereczką lub delikatnie wyjmij mus za pomocą plastikowego opakowania. Włóż musy z powrotem do zamrażarki, aż będą gotowe do spożycia. Podawaj z ziarnami kawy lub rodzynkami w czekoladzie i lekką odrobiną sproszkowanej czekolady.

14. Frappe cappuccino

Składniki

- 4 łyżki likieru kawowego
- 1/2 szklanki lodów kawowych
- Pokój na 4 łyżki stołowe
- 1/2 szklanki ciężkiej śmietany, ubitej
- 1 łyżka niesłodzonego kakao w proszku, przesianego

Kierunki

a) Wlej likier do podstawy 6 odpornych na zamrażanie szklanek lub filiżanek i dobrze schłodź lub zamroź.
b) Przygotuj lody zgodnie z instrukcją, aż do częściowego zamrożenia. Następnie ubij w pokoju mikserem elektrycznym, aż spieni się, natychmiast polej zamrożony likier i ponownie zamroź, aż będzie twardy, ale nie twardy.
c) Ubitą śmietanę wyszprycować na lody. Posyp obficie kakao w proszku i ponownie włóż do zamrażarki na kilka minut, aż będziesz całkowicie gotowy do podania.

15. Mrożone Brownie Mokka

Składniki

- 1 szkl. cukier
- 1/2 szkl. masła, zmiękczonego
- 1/3 szkl kakao do pieczenia
- 1 t. granulki kawy rozpuszczalnej
- 2 jajka, ubite
- 1 łyżeczka ekstraktu waniliowego
- 2/3 szkl. mąki uniwersalnej
- 1/2 łyżeczki proszku do pieczenia
- 1/4 łyżeczki soli
- 1/2 szkl. posiekanych orzechów włoskich

Kierunki

a) Połącz cukier, masło, kakao i granulki kawy w rondlu. Gotuj i mieszaj na średnim ogniu, aż masło się rozpuści. Zdjąć z ognia; schłodzić przez 5 minut. Dodaj jajka i wanilię; mieszać tylko do połączenia.

b) Wmieszać mąkę, proszek do pieczenia i sól; włożyć orzechy. Rozłóż ciasto na wysmarowanej tłuszczem blasze do pieczenia 9"x 9". Piec w 350 stopniach przez 25 minut lub do zestalenia.

c) Schłodzić w blasze na stojaku z drutu. Rozłóż Mocha Frosting na schłodzonych ciasteczkach; pokroić w batoniki. Daje jeden tuzin.

16. Biszkoptowe Ciasto Kawowe

Składniki

Ciasto kawowe:
- 2 szklanki Bisquick mix
- 2 łyżki cukru
- 2/3 szklanki mleka
- 1 jajko

Nadzienie Cynamonowe:
- 1 szklanka mieszanki Bisquick
- 2/3 szklanki brązowego cukru lekko upakowanego
- 2 łyżeczki mielonego cynamonu
- 1/4 szklanki niesolonego masła

Kierunki

Do polewy z kruszonką
a) W średniej misce wymieszaj Bisquick mix, brązowy cukier i cynamon.
b) Dodaj pokrojone w kostkę masło. Użyj rąk, aby pokruszyć masło na suchą mieszankę.

Na Kawowy Tort
c) Rozgrzej piekarnik do 350 ° F. Wyłóż naczynie do pieczenia o wymiarach 8 × 8 cali papierem pergaminowym lub natłuść. Odłożyć na bok.
d) W dużej misce wymieszaj szpatułką Bisquick mix, cukier, mleko i jajko. Zeskrob miskę w dół.
e) Wlej ciasto do przygotowanej formy do pieczenia i wyrównaj.
f) Równomiernie posyp ciasto kruszonką.

g) Piecz przez 20-25 minut lub do momentu, aż wykałaczka wbita w środek wyjdzie czysta.

h) Pozostaw do ostygnięcia na patelni przez 20 minut przed krojeniem. Podawaj i ciesz się!

17. Kawowy deser żelatynowy

Porcje: 5

Składniki

- ¾ szklanki białego cukru
- 3 (0,25 uncji) koperty bezsmakowej żelatyny w proszku
- 3 filiżanki gorącej parzonej kawy
- 1⅓ szklanki wody
- 1 łyżka soku z cytryny
- 1 szklanka słodzonej bitej śmietany do dekoracji

Kierunki

a) W rondelku wymieszaj cukier i żelatynę. Wymieszać z gorącą kawą i wodą. Gotuj na małym ogniu, często mieszając, aż żelatyna i cukier całkowicie się rozpuszczą. Zdjąć z ognia i wymieszać z sokiem z cytryny. Wlać do formy o pojemności 4 1/2 szklanki.

b) Przechowywać w lodówce do stężenia, co najmniej 6 godzin lub na noc. Podawać z bitą śmietaną.

18.   Mus kawowy

Porcje: 4 osoby

Składniki

- 2 1/2 łyżki cukru pudru
- 4 jajka
- 3/4 szklanki + 2 łyżki stołowe ciężkiej śmietany
- 3 łyżki kawy rozpuszczalnej w proszku
- 1 łyżka niesłodzonego kakao w proszku
- 1 łyżeczka żelatyny w proszku
- 1 łyżka kawy rozpuszczalnej w proszku i kakao w proszku, zmieszane - opcjonalnie, do wykończenia musu

Kierunki

a) Oddziel żółtka i białka. Umieść żółtka w dużej misce, a białka w misce miksera. Odłożyć na bok.

b) Umieść żelatynę w proszku w małej misce z zimną wodą, wymieszaj i odstaw do namoczenia.

c) Dodaj cukier puder do żółtek jaj i ubijaj, aż spieni się i uzyska jaśniejszy kolor.

d) Umieść śmietankę, kawę rozpuszczalną w proszku i proszek kakaowy w małym rondelku i podgrzewaj na małym ogniu, aż proszek się rozpuści, od czasu do czasu mieszając. Nie pozwól, aby krem się zagotował.

e) Wlej gorącą śmietankę do żółtek i cukru podczas ubijania. Dobrze wymieszaj, a następnie przenieś z powrotem do rondla na małym ogniu. Kontynuuj ubijanie, aż krem zacznie gęstnieć, a następnie natychmiast zdejmij z ognia i przenieś z powrotem do dużej, czystej miski.

f) Dodaj uwodnioną żelatynę do kremu i dobrze wymieszaj, aż do całkowitego połączenia. Odstawić do całkowitego ostygnięcia.

g) Podczas gdy śmietana stygnie, zacznij ubijać białka, aby uzyskać sztywną pianę.

h) Gdy śmietanka ostygnie, delikatnie wmieszaj ubite białka jajek 3 do 4 razy. Staraj się nie przeciążać kremu.

i) Wlej mus kawowy do osobnych filiżanek lub słoików i wstaw do lodówki na co najmniej 2 godziny.

j) Opcjonalnie: gdy będą gotowe do podania, posyp musy kawą rozpuszczalną i kakao w proszku, aby je wykończyć.

19. Kawowo-Kokosowy Deser Agarowy

Porcje: 4 porcje

Składniki

- 1 1/2 szklanki niesłodzonego mleka kokosowego, zwykłego lub niskotłuszczowego
- 1 szklanka mleka
- 1 szklanka cukru pudru, podzielona
- 2 łyżki agaru w proszku, podzielone
- 1 łyżeczka soli
- 2 łyżki kawy rozpuszczalnej w granulkach
- 3 szklanki wody

Kierunki

a) Dodaj mleko kokosowe, mleko, 1/4 szklanki cukru, 1 łyżkę proszku agarowego i sól w 1-kwartowym rondlu; wymieszaj mieszaninę i zagotuj na średnim ogniu, uważając, aby płyn się nie zagotował. Po tym, jak mieszanka mleka kokosowego gotuje się na twardo przez 30-40 sekund, zdejmij rondel z pieca.

b) Wlej mieszankę mleka kokosowego do wybranej foremki. Pozwól mu ostygnąć.

c) W międzyczasie wymieszaj pozostałe 3/4 szklanki cukru, 1 łyżkę agaru, kawę rozpuszczalną i wodę w innym rondlu i zagotuj na średnim ogniu. Gdy mieszanina gotuje się przez 30-40 sekund, zdejmij rondel z pieca.

d) Sprawdź, czy warstwa agaru kokosowego stwardniała. Nie chcesz, aby był całkowicie solidny; w przeciwnym razie dwie warstwy nie będą się sklejać i zsuwać podczas serwowania deseru. Delikatnie dotknij palcem powierzchni warstwy agaru kokosowego, aby sprawdzić, czy stawia ona opór. Jeśli tak, trzymając rondelek jak najbliżej powierzchni warstwy kokosowej, bardzo delikatnie wylej warstwę kawy na poprzednią warstwę.

e) Niech agar zastygnie. Powinno to zająć około 40 do 45 minut w temperaturze pokojowej i 20 minut w lodówce.

20. Włoski Affogato

Porcje 1 porcja

Składniki
- 2 gałki lodów waniliowych wysokiej jakości
- 1 filiżanka espresso
- 1 łyżka likieru orzechowego lub kawowego (opcjonalnie)
- gorzka czekolada do posypania wierzchu

Kierunki
a) Zaparz espresso (jedno na osobę). Nabierz 1-2 gałki lodów waniliowych do szerokiej szklanki lub miseczki i zalej espresso.
b) Wlej 1 łyżkę likieru orzechowego nocino lub innego likieru do lodów i zetrzyj trochę gorzkiej czekolady.

KAWA PARZYNA Z HERBATY

21. Hong Kong Tea Parzona z kawą

Składniki

- 1/4 szklanki liści czarnej herbaty str
- 4 1/2 filiżanki parzonej kawy
- 5-8 łyżek cukru
- 3/4 szklanki pół na pół

Kierunki

a) Najpierw zaparz liście czarnej herbaty w 4 1/2 szklanki wody. Podczas gdy herbata się parzy, zaparz kawę preferowaną metodą. Upewnij się, że zarówno herbata, jak i kawa są dość mocne!

b) Gdy kawa i herbata będą gotowe, połącz je w dużej misce lub karafce. Wmieszaj cukier do mieszanki kawy i herbaty i dodaj pół na pół. Dokładnie wymieszaj i podawaj!

c) To daje 8-10 porcji w zależności od wielkości kubka. Możesz również podawać tę herbatę schłodzoną lub z lodem!

22. Mrożona Kawowa Herbata

Składniki

- Kawa
- łagodna herbata
- lód
- śmietanka opcjonalnie
- cukier opcjonalnie

Kierunki

a) Umieść wkładkę na filiżankę kawy K w urządzeniu. Dodaj lód do filiżanki lub szklanki. Umieść torebkę z herbatą poziomo na lodzie, aby umożliwić parzonej kawie przepływanie przez torebkę podczas nalewania. Pozostawić do zaparzenia na kilka sekund po zatrzymaniu parzenia. Naciśnij torebkę z herbatą, uważając, aby jej nie rozerwać, wyjmij ze szklanki i wyrzuć.

b) W razie potrzeby dodaj śmietankę lub cukier.

23. Malezyjska kawa z herbatą

Składniki

- 1¾ szklanki (438 ml) wody
- 9 łyżeczek (18 g) sypkiej czarnej herbaty cejlońskiej
- ⅓ szklanki (67 g) cukru Turbinado
- 1 ⅔ szklanki (417 ml) skondensowanego mleka
- 1½ filiżanki (375 ml) mocnej kawy, gorącej

Kierunki

a) W garnku wymieszaj wodę z liśćmi herbaty. Na średnim ogniu doprowadzić do wrzenia, zmniejszyć ogień do niskiego poziomu i gotować na wolnym ogniu; 5 minut. Herbata powinna być dość ciemna.

b) Wyjmij garnek lub wyłącz ogrzewanie. Natychmiast wymieszaj cukier Turbinado, aż cukier w większości się rozpuści; 1 minuta.

c) Wmieszaj odparowane mleko. Umieść garnek z powrotem na średnim ogniu. Doprowadzić mieszaninę do wrzenia, zmniejszyć ogień do niskiego poziomu i gotować na wolnym ogniu; 3 minuty.

d) Odcedź mieszankę herbaty za pomocą sita o drobnych oczkach wyłożonego gazą lub wyjmij torebki z herbatą, jeśli używasz.

e) Wlej gorącą kawę; dokładnie wymieszać.

24. Bubble Tea

Składniki

- Kostki lodu
- Twoja ulubiona kawa, zaparzona na 4 filiżanki
- 3/4 szklanki szybko gotujących się perełek tapioki
- 1/2 szklanki pełnego mleka
- 1/2 szklanki skondensowanego mleka
- Bąbelkowe słomki do herbaty

Kierunki

a) Przechowuj wstępnie zaparzoną kawę w lodówce, aby całkowicie ostygła — najlepiej na kilka godzin lub całą noc.

b) Ugotować perełki tapioki zgodnie z instrukcją na opakowaniu. (Nie gotuj ich, dopóki nie będziesz gotowy do podania — szybko twardnieją.) Pozostaw do ostygnięcia w misce z zimną wodą.

c) Przenieś i podziel tapiokę na cztery puste szklanki. Wlać zimną kawę.

d) W dzbanku delikatnie wymieszaj mleko i mleko skondensowane. Równomiernie rozlej do szklanek do kawy (och, zobacz, jak to wszystko ładnie się kręci!).

e) Udekoruj kilkoma kostkami lodu, włóż je przez słomkę i podawaj pronto.

25. Mocktail kawowy i Earl Grey Boba

Składniki

- 4 uncje Chameleon Cold-Brew Vanilla Coffee Concentrate
- 3 uncje herbaty Earl Grey
- 2 uncje pływaka (napój mleczny do wyboru)
- Perełki tapioki (Boba) w miodzie lub cukrze
- Odrobina kardamonu posypana na wierzchu

Kierunki

a) Przygotuj boba i polej miodem lub cukrem.

b) Zaparz herbatę Earl Grey i ostudź.

c) Przykryj dno szklanki bobą i odrobiną cukru.

d) Połącz koncentrat kawy Chameleon Cold-Brew Vanilla i Earl Grey.

e) Polać bobem.

f) Na wierzch ze śmietaną lub napojem mlecznym do wyboru.

g) Posyp kardamonem na wierzchu i ciesz się!

26. Zielona herbata kawowo-jagodowa

Składniki

- 1 torebka zielonej herbaty
- 1/3 szklanki napoju kawowo-owocowego (np. marki Kona lub Bai)
- 1 łyżeczka startej skórki pomarańczowej
- Laski cynamonu
- 1 łyżeczka miodu
- 3 listki bazylii

Kierunki

a) W dużym kubku dodaj torebkę zielonej herbaty do 6 uncji. gotująca się woda.

b) Dodaj napój kawowo-owocowy i skórkę z pomarańczy. Użyj lasek cynamonu, aby wymieszać z miodem.

c) Listki bazylii porwać i dodać do herbaty. Ostre, pod przykryciem, przez 5 minut. Usuń torebkę z herbatą. Podawać na gorąco.

KAWA Z OWOCAMI

27. Malinowe Frappuccino

Składniki :

- 2 szklanki pokruszonych kostek lodu
- 1 1/4 filiżanki bardzo mocnej parzonej kawy
- 1/2 szklanki mleka
- 2 łyżki syropu waniliowego lub malinowego
- 3 łyżki syropu czekoladowego
- Bita śmietana

Kierunki

a) Połącz kostki lodu, kawę, mleko i syropy w blenderze.
b) Miksuj, aż będzie ładnie gładka.
c) Wlej do schłodzonych wysokich kubków do serwowania lub szklanek z wodą sodową.
d) Na wierzchu udekoruj bitą śmietaną, polej czekoladą i syropem malinowym.
e) W razie potrzeby dodaj wiśnię maraschino

28. frappe z mango

Składniki :
- 1 1/2 szklanki mango, pokrojonego
- 4-6 kostek lodu
- 1 szklanka mleka
- 1 łyżka soku z cytryny
- 2 łyżki cukru
- 1/4 łyżeczki ekstraktu waniliowego

Kierunki
a) Włóż pokrojone mango do zamrażarki na 30 minut
b) Połącz mango, mleko, cukier, sok z cytryny i wanilię w blenderze. Miksuj do uzyskania gładkości.
c) Dodaj kostki lodu i przetwarzaj, aż kostki również będą gładkie.
d) Natychmiast podawaj.

29. Kawa Malinowa

Składniki :
- 1/4 szklanki brązowego cukru
- Fusy z kawy na 6 filiżanek zwykłej kawy
- 2 łyżeczki ekstraktu z malin

Kierunki
a) Umieść ekstrakt malinowy w pustym dzbanku do kawy
b) Umieść brązowy cukier i fusy z kawy w filtrze do kawy
c) Dodaj 6 szklanek wody na górę i zaparz garnek.

30. świąteczna kawa

Składniki :
- 1 dzbanek kawy (odpowiednik 10 filiżanek)
- 1/2 szklanki cukru
- 1/3 szklanki wody
- 1/4 szklanki niesłodzonego kakao
- 1/4 łyżeczki cynamonu
- 1 szczypta startej gałki muszkatołowej
- Śmietana do ubijania

Kierunki

a) Przygotuj dzbanek kawy.
b) W średnim rondlu podgrzej wodę do niskiego wrzenia. Dodaj cukier, kakao, cynamon i gałkę muszkatołową.
c) Ponownie doprowadzić do wrzenia na małym ogniu przez około minutę - od czasu do czasu mieszając.
d) Połącz kawę z mieszanką kakao i przypraw i podawaj z bitą śmietaną.

31. Bogata Kawa Kokosowa

Składniki :
- 2 szklanki pół na pół
- 15 uncji Puszka kremu kokosowego
- 4 filiżanki gorącej parzonej kawy
- Słodzona bita śmietana

Kierunki
a) Doprowadź pół na pół i śmietankę kokosową do wrzenia w rondlu na średnim ogniu, ciągle mieszając.
b) Wmieszać kawę.
c) Podawać z posłodzoną bitą śmietaną.

32. Czekoladowa Kawa Bananowa

Składniki :
- Zrób dzbanek na 12 filiżanek zwykłej kawy
- Dodaj 1/2-1 łyżeczki ekstraktu bananowego
- Dodać 1-1 1/2 łyżeczki kakao

Kierunki
a) Łączyć
b) Takie proste... i idealne dla domu pełnego gości

33. Kawa z Czarnego Lasu

Składniki :

- 6 oz. Świeżo parzona kawa
- 2 łyżki syropu czekoladowego
- 1 łyżka soku z wiśni Maraschino
- Bita śmietana
- Ogolona czekolada
- wiśnie maraschino

Kierunki

a) Połącz kawę, syrop czekoladowy i sok wiśniowy w filiżance. Dobrze wymieszaj.
b) Na wierzchu udekoruj bitą śmietaną, wiórkami czekoladowymi i wisienką lub 2.

34. Kawa Maraskino

Składniki :
- 1 filiżanka czarnej kawy
- 1 uncja. Amaretto
- Rediwhip Bita polewa
- 1 wiśnia maraschino

Kierunki
a) Napełnij kubek lub filiżankę gorącą czarną kawą. Wmieszać amaretto.
b) Na wierzchu bita polewa z czerwonej biszkoptu i wisienka.

35. Czekoladowa Kawa Migdałowa

Składniki :
- 1/3 szklanki kawy mielonej
- 1/4 łyżeczki świeżo zmielonej gałki muszkatołowej
- 1/2 łyżeczki ekstraktu czekoladowego
- 1/2 łyżeczki ekstraktu z migdałów
- 1/4 szklanki prażonych migdałów, posiekanych

Kierunki

a) Przetwórz gałkę muszkatołową i kawę, dodaj ekstrakty. Przetwarzaj 10 sekund dłużej. Umieścić w misce i wymieszać w migdałach. Przechowywać w lodówce.
b) Sprawia, że 8 sześciouncjowych porcji. Aby zaparzyć: Umieść mieszankę w filtrze automatycznego ekspresu przelewowego.
c) Dodać 6 szklanek wody i zaparzyć

36. Soda Kawowa

Składniki :
- 3 filiżanki Schłodzonej kawy o podwójnej mocy
- 1 łyżka cukru
- 1 szklanka Pół na pół
- 4 miarki (1 pinta) lodów kawowych
- 3/4 szklanki schłodzonej sody klubowej
- Słodzona bita śmietana
- 4 wiśnie maraschino,
- Udekoruj czekoladowe loki lub kakao

Kierunki
a) Połącz mieszankę kawy i cukru w pół na pół.
b) Mieszanką kawy napełnij do połowy 4 wysokie szklanki z napojem
c) Dodaj gałkę lodów i napełnij szklanki do góry sodą.
d) Udekorować bitą śmietaną, czekoladą lub kakao.
e) Świetna gratka na imprezy
f) Używaj bezkofeinowej na imprezach z młodzieżą

37. Mokka Półsłodka

Składniki :

- 4 uncje Półsłodka czekolada
- 1 łyżka cukru
- 1/4 szklanki śmietanki kremówki
- 4 filiżanki gorącej mocnej kawy
- Bita śmietana
- Tarta Skórka Pomarańczowa

Kierunki

a) Rozpuść czekoladę w ciężkim rondlu na małym ogniu.
b) Wymieszaj cukier i śmietankę kremówkę.
c) Ubij kawę za pomocą trzepaczki, 1/2 szklanki na godzinę; kontynuować, aż się spieni.
d) Udekorować bitą śmietaną i posypać startą skórką pomarańczową.

38. Kawa po wiedeńsku

Składniki :

- 2/3 filiżanki suchej kawy rozpuszczalnej
- 2/3 szklanki cukru
- 3/4 szklanki sproszkowanej śmietanki bezmlecznej
- 1/2 łyżeczki cynamonu
- Posiekaj każdy z mielonego ziela angielskiego, goździków i gałki muszkatołowej.

Kierunki

a) Wymieszaj wszystkie składniki i przechowuj w szczelnym słoiku.
b) Wymieszaj 4 łyżeczki z jedną szklanką gorącej wody.
c) To sprawia, że wspaniały prezent.
d) Umieść wszystkie składniki w słoiku konserwowym.
e) Udekoruj wstążką i zawieszką.
f) Przywieszka powinna mieć napisaną na maszynie instrukcję mieszania.

39. Espresso Romano

Składniki :
- 1/4 filiżanki drobno mielonej kawy
- 1 1/2 szklanki zimnej wody
- 2 paski skórki z cytryny

Kierunki
a) Umieść kawę mieloną w filtrze dzbanka przelewowego
b) Dodać wodę i zaparzyć zgodnie z instrukcją parzenia w maszynie
c) Dodaj cytrynę do każdej filiżanki
d) Podawać

KAWA PAROWANA Z KAKAO

40. Mrożone Cappuccino Mokka

Składniki :
- 1 łyżka syropu czekoladowego
- 1 filiżanka Gorące podwójne espresso lub bardzo mocna kawa
- 1/4 szklanki pół na pół
- 4 kostki lodu

Kierunki

a) Mieszaj syrop czekoladowy z gorącą kawą, aż się rozpuści. W blenderze zmiksuj kawę z pół na pół i kostkami lodu.
b) Miksuj na wysokich obrotach przez 2 do 3 minut.
c) Podawaj od razu w wysokiej, zimnej szklance.

41. Oryginalna mrożona kawa

Składniki :
- 1/4 filiżanki kawy; instant, zwykła lub bezkofeinowa
- 1/4 szklanki cukru
- 1 litr lub kwarta zimnego mleka

Kierunki

a) Rozpuścić kawę rozpuszczalną i cukier w gorącej wodzie. Wmieszaj 1 litr lub kwartę zimnego mleka i dodaj lód. Aby uzyskać smak mokka, użyj mleka czekoladowego i dodaj cukier do smaku.

b) Rozpuścić 1 łyżkę kawy rozpuszczalnej i 2 łyżeczki cukru w 1 łyżce gorącej wody.

c) Dodać 1 szklankę zimnego mleka i wymieszać.

d) Zamiast cukru możesz dosłodzić niskokaloryczną substancją słodzącą

42. Kawa o smaku Mokka

Składniki :
- 1/4 szklanki suchej śmietanki bezmlecznej
- 1/3 szklanki cukru
- 1/4 filiżanki suchej kawy rozpuszczalnej
- 2 łyżki kakao

Kierunki

a) Umieść wszystkie składniki w mikserze, ubijaj na najwyższych obrotach, aż dobrze się połączą. Wymieszaj 1 1/2 łyżek stołowych z filiżanką gorącej wody.

b) Przechowywać w szczelnym słoiku. Na przykład słoik konserwowy.

43. Pikantna meksykańska mokka

Składniki :

- 6 uncji mocnej kawy
- 2 łyżki cukru pudru
- 1 łyżka niesłodzonej mielonej czekolady w proszku
- 1/4 łyżeczki wietnamskiego cynamonu Cassia
- 1/4 łyżeczki ziela angielskiego jamajskiego
- 1/8 łyżeczki pieprzu Cayenne
- 1-3 łyżki stołowe Heavy Cream lub pół na pół

Kierunki

a) W małej misce wymieszaj wszystkie suche składniki razem.
b) Wlej kawę do dużego kubka, wymieszaj z kakao, aż będzie gładka.
c) Następnie dodajemy śmietanę do smaku.

44. kawa czekoladowa

Składniki :
- 2 łyżki kawy rozpuszczalnej
- 1/4 szklanki cukru
- 1 odrobina soli
- 1 uncja. Niesłodzona czekolada firmy Square
- 1 szklanka wody
- 3 szklanki mleka
- Bita śmietana

Kierunki

a) W rondlu połącz kawę, cukier, sól, czekoladę i wodę; mieszać na małym ogniu, aż czekolada się rozpuści. Dusić 4 minuty, ciągle mieszając.
b) Stopniowo dodawać mleko, ciągle mieszając, aż się podgrzeje.
c) Gdy będzie gorące, zdejmij z ognia i ubijaj trzepaczką obrotową, aż mieszanina się spieni.
d) Przelej do filiżanek i na powierzchnię każdego nałóż porcję bitej śmietany.

45. Miętowa Kawa Mokka

Składniki :
- 6 filiżanek świeżo parzonej kawy
- 1 1/2 szklanki mleka
- 4 uncje półsłodkiej czekolady
- 1 łyżeczka ekstraktu z mięty pieprzowej
- 8 lasek mięty pieprzowej

Kierunki
a) Umieść kawę, mleko i czekoladę w dużym rondlu na małym ogniu przez 5-7 minut lub do momentu, aż czekolada się rozpuści, mieszanina będzie podgrzana, od czasu do czasu mieszaj.
b) Wmieszać ekstrakt z mięty pieprzowej
c) Rozlać do kubków
d) Udekoruj listkiem mięty pieprzowej

46. Włoskie espresso mokka

Składniki :
- 1 filiżanka kawy rozpuszczalnej
- 1 szklanka cukru
- 4 1/2 szklanki odtłuszczonego mleka w proszku
- 1/2 szklanki kakao

Kierunki
a) Wymieszaj wszystkie składniki razem.
b) Zmiksuj w blenderze na proszek.
c) Użyj 2 łyżek stołowych na jedną małą filiżankę gorącej wody.
d) Podawać w filiżankach do espresso
e) Wychodzi około 7 filiżanek mieszanki
f) Przechowywać w ciasno dopasowanym słoiku z pokrywką.
g) Słoiki do konserw dobrze sprawdzają się do przechowywania kawy.

47. Kawy Czekoladowe

Składniki :
- 1/4 filiżanki espresso instant
- 1/4 szklanki kakao instant
- 2 szklanki wrzącej wody - najlepiej użyć przefiltrowanej wody
- Bita śmietana
- Drobno posiekana skórka z pomarańczy lub mielony cynamon

Kierunki

a) Połącz kawę i kakao. Dodać wrzącą wodę i mieszać do rozpuszczenia. Przelać do pucharków demitasse. Każdą porcję udekoruj bitą śmietaną, startą skórką z pomarańczy i odrobiną cynamonu.

48. Czekoladowa Kawa Amaretto

Składniki :
- Ziarna kawy Amaretto
- 1 łyżka ekstraktu waniliowego
- 1 łyżeczka ekstraktu z migdałów
- 1 łyżeczka Kakao w proszku
- 1 łyżeczka cukru
- Bita śmietana do dekoracji

Kierunki

a) Zaparzyć kawę.
b) Dodaj ekstrakt waniliowy i migdałowy 1 łyżeczkę kakao i 1 łyżeczkę cukru na filiżankę.
c) Udekorować bitą śmietaną

49. Kawa w czekoladzie z miętą

Składniki :
- 1/2 szklanki gorącej kawy
- 2 łyżki likieru Crème de Cacao
- 1 miarka miętowych lodów z kawałkami czekolady

Kierunki
a) Na każdą porcję połącz 1/2 filiżanki kawy i 2 łyżki stołowe
b) s likieru.
c) Na wierzchu gałka lodów.

50. Kawa Kakaowa

Składniki :
- 1/4 szklanki sproszkowanej śmietanki bezmlecznej
- 1/3 szklanki cukru
- 1/4 szklanki suchej kawy rozpuszczalnej
- 2 łyżki kakao

Kierunki
a) Umieść wszystkie składniki w blenderze, miksuj na najwyższych obrotach, aż dobrze się połączą.
b) Przechowywać w hermetycznym słoiku konserwowym.
c) Wymieszaj 1 1/2 łyżki stołowej z 3/4 szklanki gorącej wody

51. Mokka Kakaowo-Orzechowa

Składniki :

- 3/4 uncji Kahlua

- 1/2 szklanki gorącej kawy z orzechami laskowymi

- 1 łyżeczka Nestle Quick

- 2 łyżki pół na pół

Kierunki
a) Połącz wszystkie składniki .
b) św _

52. Czekoladowa Kawa Miętowa

Składniki :

- 1/3 szklanki kawy mielonej
- 1 łyżeczka ekstraktu czekoladowego
- 1/2 łyżeczki ekstraktu z mięty
- 1/4 łyżeczki ekstraktu waniliowego

Kierunki

a) Umieść kawę w blenderze.
b) W filiżance połączyć ekstrakty, dodać ekstrakty do kawy.
c) Przetwarzaj do wymieszania, zaledwie kilka sekund.
d) Przechowywać w lodówce

53. Kawiarnia Au Lait

Składniki :
- 2 szklanki mleka
- 1/2 szklanki gęstej śmietany
- 6 filiżanek kawy z Luizjany

Kierunki
a) Połącz mleko i śmietanę w rondlu; po prostu zagotuj (wokół brzegów patelni utworzą się bąbelki), a następnie zdejmij z ognia.
b) Wlej niewielką ilość kawy do każdej filiżanki.
c) Wlać pozostałą mieszankę kawy i gorącego mleka, aż filiżanki będą pełne w około 3/4.
d) Mleko odtłuszczone można zastąpić mlekiem pełnym i śmietanką.

54. Włoska kawa z czekoladą

Składniki :
- 2 filiżanki gorącej mocnej kawy
- 2 filiżanki gorącego tradycyjnego kakao - wypróbuj markę Hershey's
- Bita śmietana
- Tarta Skórka Pomarańczowa

Kierunki

a) Połącz 1/2 filiżanki kawy i 1/2 filiżanki kakao w każdym z 4 kubków.

b) Wierzch z bitą śmietaną; posypać startą skórką z pomarańczy.

55. Mokka Półsłodka

Składniki :
- 4 uncje Półsłodka czekolada
- 1 łyżka cukru
- 1/4 szklanki śmietanki kremówki
- 4 filiżanki gorącej mocnej kawy
- Bita śmietana
- Tarta Skórka Pomarańczowa

Kierunki
a) Rozpuść czekoladę w ciężkim rondlu na małym ogniu.
b) Wymieszaj cukier i śmietankę kremówkę.
c) Ubij kawę za pomocą trzepaczki, 1/2 szklanki na godzinę; kontynuować, aż się spieni.
d) Udekorować bitą śmietaną i posypać startą skórką pomarańczową.

KAWA NARAŻONA Z PRZYPRAWAMI

56. Pomarańczowa Przyprawa Kawa

Składniki :

- 1/4 szklanki kawy mielonej
- 1 łyżka startej skórki pomarańczowej
- 1/2 łyżeczki ekstraktu waniliowego
- 1 1/2 laski cynamonu

Kierunki

a) Umieść kawę i skórkę pomarańczową w blenderze lub robocie kuchennym.
b) Zatrzymaj procesor na tyle długo, aby dodać wanilię.
c) Przetwarzaj jeszcze 10 sekund.
d) Umieść mieszaninę w szklanym dzbanku z laskami cynamonu i wstaw do lodówki.

57. Przyprawiona Zabielaczka do Kawy

Składniki :
- 2 szklanki Nestlé szybko
- 2 szklanki sproszkowanej śmietanki do kawy
- 1/2 szklanki cukru pudru
- 3/4 łyżeczki cynamonu
- 3/4 łyżeczki gałki muszkatołowej

Kierunki
a) Wszystkie składniki wymieszać i przechowywać w szczelnym słoiczku.
b) Wymieszaj 4 łyżeczki z jedną szklanką gorącej wody

58. Kawa z kardamonem

Składniki :
- 3/4 szklanki kawy mielonej
- 2 2/3 szklanki wody
- Mielony kardamon
- 1/2 szklanki słodzonego skondensowanego mleka

Kierunki
a) Zaparz kawę w ekspresie przelewowym lub perkolatorze.
b) Rozlej do 4 filiżanek.
c) Do każdej porcji dodaj odrobinę kardamonu i 2 łyżki skondensowanego mleka.
d) Zamieszać
e) Podawać

59. Kawiarnia Ola

Składniki :

- 8 szklanek przefiltrowanej wody
- 2 małe laski cynamonu
- 3 całe goździki
- 4 uncje ciemnobrązowego cukru
- 1 kostka półsłodkiej czekolady lub meksykańskiej czekolady
- 4 uncje kawy mielonej

Kierunki

a) Doprowadzić wodę do wrzenia.
b) Dodaj cynamon, goździki, cukier i czekoladę.
c) Ponownie zagotować, zebrać pianę.
d) Zmniejszyć ogień do niskiego poziomu i NIE DOPUSZCZAĆ DO WRZECIA
e) Dodaj kawę i pozostaw do zaparzenia na 5 minut.

60. Kawa Migdałowo Waniliowa

Składniki :

- 1/3 szklanki mielonej kawy
- 1 łyżeczka ekstraktu waniliowego
- 1/2 łyżeczki ekstraktu z migdałów
- 1/4 łyżeczki nasion anyżu

Kierunki

a) Umieść kawę w blenderze
b) Połącz pozostałe składniki w osobnej filiżance
c) Dodaj ekstrakt i nasiona do kawy w blenderze
d) Przetwarzaj do połączenia
e) Użyj mieszanki jak zwykle podczas parzenia kawy
f) Sprawia, że porcje 8-6 uncji
g) Niewykorzystaną część przechowywać w lodówce

61. Arabska Jawa

Składniki :

- 1 litr przefiltrowanej wody
- 3 łyżki kawy
- 3 łyżki cukru
- 1/4 łyżeczki cynamonu
- 1/4 łyżeczki kardamonu
- 1 łyżeczka cukru waniliowego lub waniliowego

Kierunki

a) Wymieszaj wszystkie składniki w rondelku i podgrzewaj, aż na wierzchu pojawi się piana.
b) Nie przepuszczać przez filtr.
c) Wymieszaj przed podaniem

62. miodowa kawa

Składniki :

- 2 filiżanki świeżej kawy
- 1/2 szklanki mleka
- 4 łyżki miodu
- 1/8 łyżeczki cynamonu
- Odrobina gałki muszkatołowej lub ziela angielskiego
- Kropla lub 2 ekstraktu waniliowego

Kierunki

a) Składniki podgrzać w rondelku, ale nie gotować.
b) Dobrze wymieszaj, aby składniki się połączyły.
c) Pyszna kawa deserowa.

63. Cafe Wiedeń Desire

Składniki :

- 1/2 szklanki kawy rozpuszczalnej
- 2/3 szklanki cukru
- 2/3 szklanki odtłuszczonego mleka modyfikowanego
- 1/2 łyżeczki cynamonu
- 1 szczypta goździków - doprawić do smaku
- 1 szczypta ziela angielskiego - dostosuj do smaku
- 1 szczypta gałki muszkatołowej dopasować do klucza

Kierunki

a) Wymieszaj wszystkie składniki razem
b) Użyj blendera, aby zmiksować na bardzo drobny proszek. Użyj 1 łyżki stołowej na kubek gorącej przefiltrowanej wody.

64. Kawa Cynamonowa

Składniki :

- 1/3 filiżanki kawy rozpuszczalnej
- 3 łyżki cukru
- 8 całych goździków
- 3-calowa laska cynamonu
- 3 szklanki wody
- Bita śmietana
- Mielony cynamon

Kierunki

a) Połącz 1/3 filiżanki kawy rozpuszczalnej, 3 łyżki cukru, goździki, laskę cynamonu i wodę.
b) Przykryć, doprowadzić do wrzenia. Zdjąć z ognia i odstawić pod przykryciem na około 5 minut do zaparzenia.
c) Napięcie. Przelewamy do pucharków i na każdą nakładamy po łyżce bitej śmietany. Dodać szczyptę cynamonu.

65. Espresso Cynamonowe

Składniki :

- 1 szklanka zimnej wody
- 2 łyżki mielonej kawy espresso
- 1/2 laski cynamonu (3 "długości)
- 4 łyżeczki Creme de Cacao
- 2 łyżeczki brandy
- 2 łyżki stołowe Śmietana do ubijania, schłodzona Starta półsłodka czekolada do dekoracji

Kierunki

a) Użyj swojego ekspresu do kawy, aby przygotować naprawdę mocną kawę z niewielką ilością przefiltrowanej wody.
b) Połam laskę cynamonu na małe kawałki i dodaj do gorącego espresso.
c) Pozostawić do ostygnięcia na 1 minutę.
d) Dodać crème de cacao i brandy i delikatnie wymieszać. Wlać do demitasse
e) Kubki. Ubij śmietanę i ułóż trochę śmietany na wierzchu każdej filiżanki. Udekoruj startą czekoladą lub czekoladowymi lokami.

66. Meksykańska Kawa Przyprawiona

Składniki :

- 3/4 szklanki brązowego cukru, mocno upakowanego
- 6 goździków
- 6 Julienne plasterków skórki pomarańczowej
- 3 laski cynamonu
- 6 łyżek stołowych . Prawdziwie parzona kawa

Kierunki

a) W dużym rondlu podgrzej 6 szklanek wody z brązowym cukrem, laskami cynamonu i goździkami na umiarkowanie dużym ogniu, aż mieszanina będzie gorąca, ale nie pozwól jej się zagotować. Dodać kawę, doprowadzić mieszaninę do wrzenia, od czasu do czasu mieszając, przez 3 minuty.

b) Przecedź kawę przez gęste sitko i podawaj w filiżankach ze skórką pomarańczową.

67. Wietnamska kawa jajeczna

Składniki :
- 1 jajko
- 3 łyżeczki wietnamskiej kawy w proszku
- 2 łyżeczki słodzonego skondensowanego mleka
- Gotująca się woda

Kierunki

a) Zaparz małą filiżankę wietnamskiej kawy.
b) Rozbij jajko i wyrzuć białka.
c) Umieść żółtko i słodzone mleko skondensowane w małej, głębokiej misce i energicznie mieszaj, aż uzyskasz puszystą, spienioną mieszankę, taką jak ta powyżej.
d) Dodaj łyżkę zaparzonej kawy i wymieszaj.
e) Do przezroczystej filiżanki wlej zaparzoną kawę, a następnie dodaj puszystą mieszankę jajeczną na wierzch.

68. Turecka kawa

Składniki :
- 3/4 szklanki wody
- 1 łyżka cukru
- 1 łyżka sproszkowanej kawy
- 1 strąk kardamonu

Kierunki
a) Doprowadzić wodę i cukier do wrzenia.
b) Zdjąć z ognia - dodać kawę i kardamon
c) Dobrze wymieszaj i wróć do ognia.
d) Gdy kawa się spieni, zdejmij z ognia i pozwól, aby fusy opadły.
e) Powtórz jeszcze dwa razy. Rozlać do filiżanek.
f) Fusy z kawy powinny opaść przed wypiciem.
g) Możesz podać kawę z kardamonem w filiżance - Twój wybór

Wskazówki dotyczące kawy po turecku
h) Musi być zawsze podawane z pianką na wierzchu
i) Możesz poprosić o zmielenie kawy na kawę po turecku - jest to konsystencja proszku.
j) Nie mieszać po nalaniu do filiżanek, ponieważ piana opadnie
k) Podczas przygotowywania zawsze używaj zimnej wody
l) Do kawy po turecku nigdy nie dodaje się śmietanki ani mleka; jednak cukier jest opcjonalny

69. Latte z przyprawami dyniowymi

Składniki :
- 2 łyżki dyni konserwowej
- 1/2 łyżeczki przyprawy do ciasta dyniowego plus więcej do dekoracji
- Świeżo mielony czarny pieprz
- 2 łyżki cukru
- 2 łyżki czystego ekstraktu waniliowego
- 2 szklanki pełnego mleka
- 1 do 2 porcji espresso, około 1/4 filiżanki
- 1/4 szklanki ciężkiej śmietany, ubitej do uzyskania mocnych szczytów

Kierunki

a) Podgrzej dynię i przyprawy: W małym rondlu na średnim ogniu gotuj dynię z przyprawą do ciasta dyniowego i dużą porcją czarnego pieprzu przez 2 minuty lub do momentu, aż będzie gorąca i pachnie gotowaniem. Ciągle mieszaj.

b) Dodaj cukier i mieszaj, aż mieszanina będzie wyglądać jak musujący, gęsty syrop.

c) Wmieszać mleko i ekstrakt waniliowy. Delikatnie podgrzej na średnim ogniu, uważając uważnie, aby się nie wykipiało.

d) Ostrożnie zmiksuj mleczną mieszankę za pomocą blendera ręcznego lub tradycyjnego (przytrzymaj mocno pokrywkę grubym zwojem ręczników!), aż się spieni i zmiksuje.

e) Wymieszaj napoje: Zaparz espresso lub kawę, rozlej do dwóch kubków i dodaj spienione mleko.
f) Na wierzchu udekoruj bitą śmietaną i posyp przyprawą do ciasta dyniowego, cynamonem lub gałką muszkatołową.

70. karmelowe latte

Składniki :
- 2 uncje espresso
- 10 uncji mleka
- 2 łyżki domowego sosu karmelowego plus więcej do skropienia
- 1 łyżka cukru (opcjonalnie)

Kierunki
a) Wlej espresso do kubka.
b) Umieść mleko w szerokim szklanym lub szklanym słoju i wstaw do mikrofalówki na 30 sekund, aż będzie bardzo gorące, ale nie wrzące.
c) Alternatywnie podgrzej mleko w rondlu na średnim ogniu przez około 5 minut, aż będzie bardzo gorące, ale nie wrzące, uważnie je obserwując.
d) Dodaj sos karmelowy i cukier (jeśli używasz) do gorącego mleka i mieszaj, aż się rozpuszczą.
e) Używając spieniacza do mleka, spieniaj mleko, aż nie będzie widać żadnych bąbelków i uzyskasz gęstą pianę, od 20 do 30 sekund. Zakręć szklanką i kilkakrotnie delikatnie stukaj nią o blat, aby popękały większe bąbelki. W razie potrzeby powtórz ten krok.
f) Używając łyżki do powstrzymania piany, wlej mleko do espresso. Na wierzch wyłożyć pozostałą pianę.

KAWA NARAŻONA ALKOHOLEM

71. kawa z rumem

Składniki :

- 12 uncji. Świeżo mielona kawa, najlepiej czekoladowo-miętowa lub szwajcarska czekolada
- 2 uncje. Lub więcej 151 pokoi
- 1 duża miarka bitej śmietany
- 1 uncja. Irlandzka śmietanka Bailey's
- 2 łyżki syropu czekoladowego

Kierunki

a) Świeżo zmielona kawa.
b) Napar.
c) W dużym kubku umieść 2+ oz. ze 151 pokoi na dole.
d) Wlej gorącą kawę do kubka do 3/4 wysokości.
e) Dodaj Bailey's Irish Cream.
f) Zamieszać.
g) Na wierzchu udekoruj świeżą bitą śmietaną i polej syropem czekoladowym.

72. Kawa po irlandzku Kahlua

Składniki :

- 2 uncje. Kahlua lub likier kawowy
- 2 uncje. Irlandzka whiskey
- 4 filiżanki Gorąca kawa
- 1/4 szklanki Śmietanki do ubijania, ubitej

Kierunki

a) Wlej pół uncji likieru kawowego do każdej filiżanki. Dodaj pół uncji irlandzkiej whisky do każdego
b) filiżanka. Wlać parującą świeżo parzoną gorącą kawę, wymieszać. Łyżka dwie czubate
c) po łyżce bitej śmietany na każdy. Podawaj gorące, ale nie tak gorące, żeby poparzyć sobie usta.

73. Irlandzkie Cappuccino Baileya

Składniki :
- 3 uncje Irlandzka śmietanka Bailey's
- 5 uncji gorąca kawa -
- Polewa deserowa w puszce
- 1 odrobina gałki muszkatołowej

Kierunki
a) Wlej Bailey's Irish Cream do kubka do kawy.
b) Napełnij gorącą czarną kawą. Udekoruj pojedynczą porcją polewy deserowej.
c) Polewa deserowa z odrobiną gałki muszkatołowej

74. kawa z brandy

Składniki :
- 3/4 szklanki gorącej mocnej kawy
- 2 uncje brandy
- 1 łyżeczka cukru
- 2 uncje ciężkiej śmietany

Kierunki
a) Wlej kawę do wysokiego kubka. Dodać cukier i mieszać do rozpuszczenia.
b) Dodać Brandy i ponownie wymieszać. Wlej śmietankę na dno łyżeczki, trzymając ją nieco powyżej wierzchu kawy w filiżance. To pozwala mu pływać.
c) Podawać.

75. Kahlua i sos czekoladowy

Składniki :
- 6 filiżanek Gorąca kawa
- 1 szklanka syropu czekoladowego
- 1/4 szklanki Kahlua
- $\frac{1}{8}$ łyżeczki mielonego cynamonu
- Bita śmietana

Kierunki
a) Połącz kawę, syrop czekoladowy, Kahlua i cynamon w dużym pojemniku; dobrze wymieszać.
b) Natychmiast podawaj. Wierzch z bitą śmietaną.

76. Domowy likier kawowy

Składniki :
- 4 szklanki cukru
- 1/2 szklanki kawy rozpuszczalnej – użyj przefiltrowanej wody
- 3 szklanki wody
- 1/4 łyżeczki soli
- 1 1/2 szklanki wódki wysokoprocentowej
- 3 łyżki wanilii

Kierunki
a) Połącz cukier i wodę; gotować aż cukier się rozpuści. Zmniejszyć ogień, aby gotować i gotować na wolnym ogniu 1 godzina.
b) ŁATWE CHŁODZENIE.
c) Wymieszać z wódką i wanilią.

77. Kahlua Brandy Kawa

Składniki :
- 1 uncja Kahlua
- 1/2 uncji brandy
- 1 filiżanka gorącej kawy
- Bita śmietana do posypania

Kierunki
a) Dodaj Kahlua i brandy do kawy
b) Udekorować bitą śmietaną

78. Espresso z Tequili Limonkowej

Składniki :
- Podwójne espresso
- 1 kieliszek białej tequili
- 1 świeża limonka

Kierunki
a) Połóż plasterek limonki na krawędzi szklanki do espresso.
b) Wlej podwójną porcję espresso na lód.
c) Dodaj pojedynczy kieliszek białej tequili
d) Podawać

79. Słodzona Brandy Kawa

Składniki :
- 1 filiżanka świeżo parzonej kawy
- 1 uncja. Likier kawowy
- 1 łyżeczka syropu czekoladowego
- 1/2 uncji Brandy
- 1 szczypta cynamonu
- Słodka bita śmietana

Kierunki
a) Połącz likier kawowy, brandy, syrop czekoladowy i cynamon w kubku. Dopełnij świeżo parzoną kawą.
b) Wierzch z bitą śmietaną.

80. Kawa na kolację

Składniki :

- 3 filiżanki Bardzo gorąca kawa bezkofeinowa
- 2 łyżki cukru
- 1/4 szklanki jasnego lub ciemnego rumu

Kierunki

a) W podgrzanym garnku połącz bardzo gorącą kawę, cukier i rum.
b) Podwójnie w razie potrzeby.

81. Słodka Kawa Klonowa

Składniki :
- 1 szklanka pół na pół
- 1/4 szklanki syropu klonowego
- 1 filiżanka gorącej parzonej kawy
- Słodzona bita śmietana

Kierunki
a) Ugotuj pół na pół i syrop klonowy w rondlu na średnim ogniu. Ciągle mieszając, aż do całkowitego podgrzania. Nie pozwól, aby mieszanina się zagotowała.
b) Wymieszać z kawą i podawać z posłodzoną bitą śmietaną.

82. Dubliński sen

Składniki :

- 1 łyżka kawy rozpuszczalnej
- 1 1/2 łyżki Natychmiastowa gorąca czekolada
- 1/2 uncji Irlandzki likier śmietankowy
- 3/4 szklanki wrzącej wody
- 1/4 szklanki bitej śmietany

Kierunki

a) W szklance do kawy po irlandzku umieść wszystkie składniki oprócz bitej śmietany.
b) Mieszaj, aż dobrze się połączą i udekoruj bitą śmietaną.

83. Kawa Di Saronno

Składniki :
- 1 uncja. Di saronno amaretto
- 8 uncji Kawa
- Bita śmietana

Kierunki

a) Zmiksuj Di Saronno Amaretto z kawą, a następnie udekoruj bitą śmietaną.
b) Podawać w irlandzkich kubkach do kawy.

84. Kawa Baja

Składniki :

- 8 filiżanek gorącej wody
- 3 łyżki kawy rozpuszczalnej w granulkach
- 1/2 szklanki likieru kawowego
- 1/4 szklanki likieru Crème de Cacao
- 3/4 szklanki bitej śmietany
- 2 łyżki startej półsłodkiej czekolady

Kierunki

a) W powolnej kuchence połącz gorącą wodę, kawę i likiery.
b) Przykryj i podgrzej na NISKIM poziomie 2-4 godziny. Przelej do kubków lub szklanek żaroodpornych.
c) Wierzch udekoruj bitą śmietaną i startą czekoladą.

85. kawa pralinowa

Składniki :

- 3 filiżanki gorącej parzonej kawy
- 3/4 szklanki pół na pół
- 3/4 szklanki Mocno upakowane Brązowy cukier
- 2 łyżki masła lub margaryny
- 3/4 szklanki likieru pralinowego
- Słodzona bita śmietana

Kierunki

a) Najpierw ugotuj 4 składniki w dużym rondlu na średnim ogniu, ciągle mieszając, aż do całkowitego podgrzania, nie gotuj.
b) Wmieszać likier; podawać z posłodzoną bitą śmietaną.

86. Kawa z wódką

Składniki :

- 2 szklanki Ciemnobrązowego Cukru - mocno zapakowane
- 1 szklanka białego cukru
- 2 1/2 szklanki wody
- 4 szklanki kawałków orzechów pekan
- 4 laski wanilii rozcięte wzdłuż
- 4 szklanki wódki

Kierunki

a) Połącz brązowy cukier, biały cukier i wodę w rondlu na średnim ogniu, aż mieszanina zacznie wrzeć. Zmniejsz ogień i gotuj przez 5 minut.

b) Umieść laski wanilii i orzechy pekan w dużym szklanym słoju (ponieważ wychodzi 4 1/2 szklanki Wlej gorącą mieszankę do słoika i ostudź. Dodaj wódkę

c) Zamknij szczelnie i przechowuj w ciemnym miejscu. Codziennie obracaj słoik przez kolejne 2 tygodnie, aby wszystkie składniki się połączyły. Po 2 tygodniach odcedź mieszaninę, odrzucając ciała stałe.

87. Kawiarnia Amaretto'

Składniki :
- 1 1/2 szklanki ciepłej wody
- 1/3 szklanki amaretto
- 1 łyżka kryształków kawy rozpuszczalnej
- Nadzienie z bitej śmietany

Kierunki
a) Wymieszaj wodę i kryształki kawy rozpuszczalnej w naczyniu przeznaczonym do podgrzewania w kuchence mikrofalowej.
b) Kuchenka mikrofalowa bez przykrycia, na 100% mocy przez około 3 minuty lub tylko do momentu, aż będzie gorąca.
c) Wmieszaj Amaretto. Podawać w przezroczystych szklanych kubkach. Udekoruj każdy kubek mieszanki kawowej odrobiną polewy deserowej.

88. Kawiarnia Au Cin

Składniki :
- 1 filiżanka zimnej mocnej francuskiej palonej kawy
- 2 łyżki cukru pudru
- odrobina cynamonu
- 2 uncje. Tawny port
- 1/2 łyżeczki startej skórki pomarańczowej

Kierunki
a) Połączyć i zmiksować w blenderze na wysokich obrotach.
b) Wlać do schłodzonych kieliszków do wina.

89. Kolczaste Cappuccino

Składniki :
- 1/2 szklanki pół na pół
- 1/2 filiżanki świeżo zaparzonego espresso
- 2 łyżki brandy
- 2 łyżki białego rumu
- 2 łyżki ciemnego crème de cacao
- Cukier

Kierunki
a) Ubij pół na pół w małym rondlu na dużym ogniu, aż zacznie się pienić, około 3 minut.
b) Podziel kawę espresso na 2 filiżanki. Dodaj połowę brandy i połowę crème de cacao do każdej filiżanki.
c) Ponownie ubij pół na pół i wlej do filiżanek.
d) Cukier jest opcjonalny

90. kawa gaelicka

Składniki :

- Czarna kawa; świeżo zrobione
- szkocka whisky
- Surowy brązowy cukier
- Prawdziwa bita śmietana; ubite, aż będą lekko gęste

Kierunki

a) Wlej kawę do ogrzanej szklanki.
b) Dodaj whisky i brązowy cukier do smaku. Dobrze wymieszać.
c) Wlej lekko ubitą śmietanę do szklanki na tył łyżeczki, który znajduje się tuż nad górną częścią płynu w filiżance.
d) Powinno trochę pływać.

91. Rye Whisky Kawa

Składniki :

- 1/4 szklanki syropu klonowego; czysty
- 1/2 szklanki żytniej whisky
- 3 filiżanki kawy; gorąca, czarna, podwójna siła

Dodatki:

- 3/4 szklanki śmietany kremówki
- 4 łyżeczki czystego syropu klonowego

Kierunki

a) Polewa-Ubij 3/4 szklanki bitej śmietany z 4 łyżeczkami syropu klonowego, aż utworzy miękki kopiec.
b) Rozlej syrop klonowy i whisky do 4 podgrzanych wcześniej szklanych kubków żaroodpornych.
c) Wlej kawę do 1 cala od góry.
d) Łyżka polewy na kawę.
e) Podawać

92. Kawa Wiśniowa Brandy

Składniki :

- 1/2 uncji brandy wiśniowej
- 5 uncji świeżej czarnej kawy
- 1 łyżeczka cukru bitej śmietany
- Wiśnie Maraskino

Kierunki

a) Wlej kawę i wiśniową brandy do filiżanki i dodaj cukier do posłodzenia.
b) Na wierzchu bita śmietana i wiśnia maraschino.

93. Duńska kawa

Składniki :
- 8 c Gorąca kawa
- 1 c Ciemny pokój
- 3/4 szkl cukru
- 2 laski cynamonu
- 12 goździków (całych)

Kierunki
a) W bardzo dużym, ciężkim rondlu połącz wszystkie składniki, przykryj i trzymaj na małym ogniu przez około 2 godziny.
b) Podawać w kubkach do kawy.

94. Strzelec z whisky

Składniki :

- 1/2 szklanki odtłuszczonego mleka
- 1/2 szklanki zwykłego niskotłuszczowego jogurtu
- 2 łyżeczki cukru
- 1 łyżeczka kawy rozpuszczalnej w proszku
- 1 łyżeczka irlandzkiej whisky

Kierunki

a) Umieść wszystkie składniki w blenderze na niskich obrotach.
b) Miksuj, aż zobaczysz, że składniki są ze sobą połączone.
c) Do prezentacji użyj wysokiej szklanki do wstrząsania.

95. Stary dobry Irlandczyk

Składniki:

- 1,5 uncji irlandzkiego likieru śmietankowego
- 1,5 uncji irlandzkiej whisky
- 1 filiżanka gorącej parzonej kawy
- 1 łyżka bitej śmietany
- 1 szczypta gałki muszkatołowej

Kierunki

a) W kubku do kawy połącz irlandzką śmietankę i irlandzką whisky.
b) Napełnij kubek kawą. Na wierzch kleks bitej śmietany.
c) Udekoruj posypką z gałki muszkatołowej.

96. Kawa po irlandzku Bushmills

Składniki :

- 1 1/2 uncji irlandzkiej whisky Bushmills
- 1 łyżeczka brązowego cukru (opcjonalnie)
- 1 odrobina Crème de menthe, zielona
- Ekstra mocna świeża kawa
- Bita śmietana

Kierunki

a) Wlej whisky do filiżanki z kawą po irlandzku i napełnij kawą do 1/2 cala od góry. Dodać cukier do smaku i wymieszać. Wierzch udekorować bitą śmietaną i skropić crème de menthe.

b) Zanurz krawędź filiżanki w cukrze, aby pokryć krawędź.

97. Czarna kawa po irlandzku

Składniki :
- 1 filiżanka mocnej kawy
- 1 1/2 uncji Irlandzka whiskey
- 1 łyżeczka cukru
- 1 Łyżka bitej śmietany

Kierunki
a) Wymieszaj kawę, cukier i whisky w dużym kubku do podgrzewania w kuchence mikrofalowej.
b) Mikrofale na wysokich obrotach przez 1 do 2 minut. Wierzch z bitą śmietaną
c) Ostrożnie podczas picia, może potrzebować chwili do ostygnięcia.

98. Kremowa kawa po irlandzku

Składniki :

- 1/3 szklanki irlandzkiego likieru śmietankowego
- 1 1/2 filiżanki świeżo parzonej kawy
- 1/4 szklanki Heavy Cream, lekko słodzonej i ubitej

Kierunki

a) Rozlej likier i kawę do 2 kubków.
b) Wierzch z bitą śmietaną.
c) Podawać.

99. Staromodna irlandzka kawa

Składniki :
- 3/4 szklanki ciepłej wody
- 2 łyżki irlandzkiej whisky
- Polewa Deserowa
- 1 1/2 łyżeczki kryształków kawy rozpuszczalnej
- brązowy cukier do smaku

Kierunki
a) Połącz wodę i kryształki kawy rozpuszczalnej. Mikrofalówka, odkryta, włączona
b) 100% mocy około 1 1/2 minuty lub tylko do momentu, aż będzie gorące. Dodaj irlandzką whisky i brązowy cukier.

100. Kremowy Likier Latte

Składniki :
- 1 część likieru śmietankowego
- 1½ części wódki

Kierunki
a) Wstrząsnąć z lodem i przecedzić do kieliszka Martini .
b) Cieszyć się

WNIOSEK

Delektując się każdym przepisem i pielęgnując każdą aromatyczną nutę, kończymy naszą podróż po stronach „Kolekcji przepisów miłośnika kawy". Symfonia smaków, poezja aromatu i kunszt prezentacji łączą się w dziedzinie parzenia kawy . Jak już odkryłeś, kawa to nie tylko napój; to doświadczenie, które angażuje wszystkie zmysły i zatrzymuje chwile w czasie.

Mamy nadzieję, że te przepisy rozpaliły nową pasję do przygotowywania kawy i zainspirowały Cię do eksperymentowania ze smakami, technikami i osobistymi akcentami. Niech radość z parzenia własnego filiżanki doskonałości napełnia każdy dzień odrobiną elegancji i pobłażania.

Z samego serca kultury kawowej do Ciebie, dziękujemy za dołączenie do nas w tej podróży. Niech Twoja kawa zawsze będzie parzona do perfekcji, a każdy łyk przybliża Cię do istoty prawdziwej błogości.

www.ingramcontent.com/pod-product-compliance
Lightning Source LLC
LaVergne TN
LVHW021703060526
838200LV00050B/2482